내가 만약 봄이라면

공영구 시집

문학의전당 시인선
395

내가 만약 봄이라면

공영구 시집

문학의전당

시인의 말

겁 없던 시절이 지나가고
겁 많은 시절이 다가온다.

자신만만하여 신나게 살았는데
이젠 나 자신도 못 믿고 조심조심 살고 있다.
말 한마디, 행동거지, 걸음걸이, 돈 씀씀이도 그렇다.
하물며 시 한 편이야 오죽하랴.

그렇게 소심하게 살다 보니
용기가 시들어 8년 만에 시집을 엮는다.

여운이 오래오래 남고,
입에 짝짝 붙는 맛있는 시를 쓰도록
마음을 다잡아 본다.

2025년 9월
공영구

차례 시인의 말

제1부

보고 싶은 꽃　13
옹이　14
탁란　15
쉴 권리　16
잔돌 왕돌　18
포도 새순　19
뻐꾹 뻑뻑국 1　20
뻐꾹 뻑뻑국 2　22
눈물의 맛　23
헛똑똑이　24
알 솎기　26
곡우　27
잡초　28
추수　30
찔레꽃　31
포도 봉지 싸기　32

제2부

앉은자리　35
장난치지 마　36
난생처음　37
장미 지다　38
보고 또 보고　40
엄마의 꽃　41
안동댁 권 여사　42
내가 만약 봄이라면　44
단풍 들면　45
황당한 일　46
한마음　48
꽃샘추위　49
하찮은 행복　50
정월대보름　52
비오리　53
가을의 수다　54

제3부

오래된 여인　57
짜치가　58
진심　60
벌침　61
등　62
빈집 2　64
오판　65
빨간 빤스　66
노을 한 장　68
도둑놈 지팡이　69
앉은 굴뚝이 그리운 날　70
띠살문 창호지　72
동화사 꽃살문　73
밥줄　74
세상 참　76

제4부

어매	79
그 말이 딱 맞네요	80
고향처럼	81
점령군	82
허튼짓	84
가을 상추	85
그림자	86
다시 영지에서	88
선바위	89
물돌이 마을	90
강물은 부챗살로 흐른다	92
지게	93
신발 한 켤레	94
시심	96
그래도 잘 살았다	97
꽃잔디	98

해설 | 공감(共感), 지향을 넘어 원리로　99
　　　 백인덕(시인)

제1부

보고 싶은 꽃

개나리꽃 늘어지게 피어 있다
철철 넘치도록 피어서 흘러내린다
그렇다고 봄이 한창인 것도 아닌데
너도나도 봄기운에 들떠 있다
봄이면 흔한 것이 개나리
눈만 돌리면 어디서나 노란 꽃
가지 꺾어 아무 데나 푹 꽂아 놓으면
곧바로 살아나서 꽃 피우는
서민 닮은 꽃

삶이란 개나리를 닮은 거야
삶이란 언제나 노랗게 변할 때가 있는 거야
개나리 모르는 사람 어디 있을까
서로 엉키고 한데 모여 살 비비는
따뜻한 이웃사촌 같고
정이 철철 넘치는 기분 좋은 꽃
보아도 보아도
자꾸 보고 싶은 꽃이다

옹이

살아서 받은 고통
죽으면 그만인 줄 알았다

죽고 나니 다가오는 더 진한 고통
온몸 고스란히 찢기고 또 찢기고

상처 많아 힘들게 산 세월
갑질한 놈들이 훨씬 좋아한다

상처가 아름다운 무늬 판자
향기도 진하고 오래 간다고

거실 벽면에 빼꼭히 붙여놓고
아늑한 삶을 맛보란다

탁란

오늘도 구슬프게 우는 뻐꾹새
새벽부터 해 질 때까지
한 놈인지 두 놈인지 아니면 세 놈인지
엄마 품이 그리워
날갯죽지가 그리워
다른 엄마에게 냉대받으며 자라나
이제 살만한데
삼 남매가 등 따습고 배부른데
엄마 긴 꼬리 아슴아슴 보일 듯 말 듯
애간장 태우며 오늘도 울컥해진다
자식 버린 엄마보다
부모 없는 자식이 더 힘들게 산다
더 아프게 운다

쉴 권리

나이도 잊은 채 마냥 청춘인 줄 알고
한 일주일 몸을 혹사시켰다

온몸에 땀이 흠뻑 젖던 날
어지럼증으로 오줌을 애써 참으면서
와불마냥 말없이 누워 있었다

깜빡하는 사이

굵직한 의사의 바리톤 한 마디
"격하게 일하셨나 봐요,
한 일 주일쯤 푹 쉬라는 경고입니다"

포도도 손질해야 하는데 잠은 안 오고
상추에 물 주어야 하는데 잠은 안 오고
고추는 잠잘 건데 나는 잠이 안 오고

쉬어야 하는데

푹 쉬어야 하는데
잡다한 것들도 너무 소중해 보이고
떨어지는 링거 한 방울이 금쪽같이 보인다

잔돌 왕돌

온몸이 아파 잠 못 이루었다
호미질도 농부가 보면 팥만 한 잔돌
초보인 나에게는 호박만 한 왕돌이다
아무에게나 기대보고 싶지만
여기는 낯설고 물선 곳
이웃 밭 눈치 보며 투덜거려도
더 혹독해져야 이긴다며
허리 한번 안 편 날

언덕에서 텃밭을 내려다보았다
작황도 프로가 보면 하찮은 채마밭
아마추어에게는 금싸라기 화수분이다
고생과 수고가 저 푸른 평화라니
모든 투정 받아주는 밭이랑 보며
무릎이 아파도 어깨가 결리어도
더 모질어야 농사꾼이 된다며
맨발로 흙의 감촉을 맛본 날

포도 새순

지난해 심은 포도나무
굽은 가지에 손가락을 얹는다
살짝 머리로 쓸어 올리면
쌀알만큼 돋아나는 새순을 만난다
속잎 잘근잘근 움직이는 듯 바르르 떤다
흔히 내리는 곡우 비에도 젖지 않고
난생처음 세상에 머리 내밀고
한 눈으로 빤히 쳐다본다
두근거리는 너의 심장만큼
신명 나는 나의 꿈
푸르고 달콤한 송이송이
주렁주렁 열리는 너의 꿈
간절한 눈빛으로 마주 본다
꿈꾸듯이

뻐꾹 뻑뻑국 1

고향 마을 입구에 오면
언제 날 알아보고
뻐꾹 뻑뻑국 (인제 오는교)

이것저것 일할 때면
힘들게 하지 말라고
뻐꾹 뻑뻑국 (쉬고 놀아라)

털썩 주저앉아 쉴 때면
몸 생각하라고 한마디
뻐꾹 뻑뻑국 (나이 생각해)

먼 산 위에 흰 구름 뜨고
가까이엔 풀꽃들 피우면
뻐꾹 뻑뻑국 (좋제 참 좋제)

주섬주섬 마무리하고
동네 나설라 하면

뻐꾹 뻑뻑꾹 (언제 또 오노)

희한하게 내 마음 알고
툭툭 던지는 한마디
뻐꾹 뻑뻑꾹 (내가 도사다)
뻐꾹 뻑뻑꾹 (내 말 들어라)

뻐꾹 뻑뻑국 2

곡우 비 내리던 날
뻐꾹새 소리 정겨워 터 잡은 장구마을

개망초
산딸기
구름 속 낮달
허리 꼬부라진
혀 꼬부라진 할배 할매도
뻐꾸기 울음이 있어
한결 돋보이는 촌동네

시골 정취 잘근잘근 살리는 그 소리
고향이 마음속 멀리까지 아늑하다

뻐꾹새 없는 고향보다
뻐꾸기 우는 먼 산 보며
그리움 낳고 살련다

눈물의 맛

어릴 때
울면 지는 거라고 배웠다
악착같이 눈물 참으며 살아서
눈물 맛을 몰랐다

커서는
이겨도 기쁨의 눈물 모르고
마냥 즐겁게 웃고 살아서
눈물 맛을 몰랐다

이제는 이기고 지고를 떠나
시도 때도 장소도 없이
주루룩 주루룩 눈물 흘리고 산다

어떤 때는
민망스러워 몰래 돌아서서
눈물 훔치고 삼키면서 산다

헛똑똑이

물은 물이고 산은 산인 것처럼
땅은 땅이고 흙도 흙인 줄 알았다

봄이면 싹 트고 겨울이면 잎 지듯이
올봄에 심은 포도
움트고 줄기 뻗고 가지 나더니
장마 지나고 나니 시들시들해진다

흙 속에 열기와 영양분 찾아
더듬이처럼 헤집는 실뿌리
꼼지락꼼지락 뻗는 거미손 순이 이뻐서
성급히 약도 치고 거름도 주었다

내 배 부르면 남 배도 부른 줄 알고
비 오면 좋아하고 물 많다고 안심했는데
물 차는 고래 논이라 물 많아서 죽었단다

씨뿌리고 물 주면 다 싹트고

심어놓고 물 주면 다 사는 줄만 알았다

어머니가 가끔 나를 보고
헛똑똑이라고 했던 말이 실감이 나는 장마 끝

알 솎기

제멋대로 자란 포도송이
마취 주사도 없이
가느다란 전지가위 들고
의사처럼 성형을 시작한다

건방지게 고개 든 놈
맥없이 고개 숙인 놈
한 놈 자르면 두 놈이 산다고
화타처럼 싹둑싹둑 잘라낸다

근육 튼튼한 놈
멋지게 잘생긴 놈
말 잘 듣는 놈이 살아남는다

사람 사는 세상이나
과일 사는 세상이나
어딜 가나 매한가지다
거꾸로 매달려도 잘나고 볼 일이다

곡우

바람 소리보다
나무 흔들리는 것이 아름답고
나는 새보다
한들거리는 꽃향기가 오래 남고
재롱부리는 다람쥐보다
단단한 돌무덤이 더 미더운,
산 중턱
거자수 나무에서 대롱 따라
곡우 물이 똑똑 떨어진다

잡초

농사는 풀과의 전쟁
향긋한 풀꽃의 자태에 끌려
오늘도 벨까 말까 자꾸 망설인다

누구는 풀의 종류가 별보다 많다고 한다
우리가 아는 질긴 풀은 불과 여남은 것이다
그저 슈퍼에서 파는 과자 종류거니 생각한다
포기의 수는 무시 어마할 것 같아 질린다

작은놈은 작은 대로 큰놈은 큰놈대로
자기 나름의 법칙인 양 사이좋게 자란다
땅속에서 몇 년씩 몸 썩고 살면서
싸우거나 왕따, 성추행, 사기, 배신도 모른 채
내로남불, 부동산 투기, 모함이 판치는
인간 세상에 고개 내미는 순간부터
너희들은 제초제 공포에 시달려야 한다

그래도 지구의 역사만큼 너희들 역사도 기록될 것이다

아니 인간의 역사보다 너희 역사가 더 화려할 것이다

다만 추운 겨울을 이겨야 새싹을 틔우듯
고난 모르고 자란 인간이 너희 마음 알 리 없다
외래종까지 들어와 새 역사를 쓰려니
잡초 같은 근성 없으면 이룰 수가 없다
너의 근성이 부럽다

추수

능금이 발갛게 익을 무렵이면
들깨 서너 단 널어두고 온다
빛 좋은 가을바람 불어오면
새들도 심심해서 와서 먹겠지
깻잎 따 먹었으면 그만이지
꽃 필 때까지 별생각 없었는데
들깻잎 노랗게 단풍 들고 나니
어느새 고신 내 솔솔 풍기고
내 욕심도 두어 되 들깨로 익는다

찔레꽃

향그런 하얀 꽃
두릅골 산비탈

큰누나 닮았다
복스런 찔레꽃

살짝이 다가가
콧등에 살며시

화들짝 놀라서
발그레 그 얼굴

풍기는 꽃향기
새색시 살 내음

온종일 누나 생각
보고픈 누나 생각

포도 봉지 싸기

햇빛, 달빛, 별빛, 가로등 불빛
바람, 이슬, 구름, 소박한 인정

이 모든 게 다 비벼진다면
비빔밥 같은 우리 집 포도 열매

참 맛있겠다

벌레도 새도 좋아하고
손자 손녀도 좋아하는

달콤한 향기 풍기는 알알이

톡 터지는 기분
입안 가득 알싸한 맛

이 모든 걸 봉지에 담아 너를 감싼다

제2부

앉은자리

물 맑은 강가에 앉아서 그냥 흐르는 물을 보고 있는데,
앉은자리가 불편하여 다시 앉기로 하고 주위를 둘러보았다

큰 돌 옆에 작은 돌
작은 돌 옆에는 더 작은 돌
푸른 산이 아름답게 보이듯이
강변의 돌도 따스한 정이 오가는 듯하다
모난 돌 옆에는 둥근 돌
기다란 돌 옆에는 작달막한 돌
강 속에 있는 돌도 강 밖이나 같다
그래서 물의 흐름이 늘 일정한가 보다

불현듯
누구를 위한 주인공이 아닌 아름다운 배경으로 남아
돌에 기댄 몇 포기 수초처럼 일렁거리고 싶은 날
주위에 모든 게 나를 보고 있다는 걸
왜 여태 몰랐을까

장난치지 마

장난치지 마 장난치지 마
거짓말로 장난치지 마
봄꽃 피면 온다고 해놓고
진달래 살구꽃 온천지가 꽃밭인데
그 뻔한 거짓말로 장난치지 마
꽃잎이 바람에 잠깐 흔들리듯
내가 그냥 속아주니 만만하게 보이더냐
세월 흘러갈수록 후회하게 만들 거야

장난치지 마 장난치지 마
내 몸 갖고 장난치지 마
눈 오면 온다고 해놓고
경상도 전라도 온천지가 눈밭인데
하룻밤 사랑으로 장난치지 마
꽃잎이 봄비에 잠깐 잦아들듯
내가 그냥 받아주니 다정하게 보이더냐
세월 흘러갈수록 그립도록 만들 거야

난생처음

한 여자
도라지꽃 닮은 여자
그녀를 뿌리째 캐고 싶다
잔뿌리 하나 다치지 않게 천천히 캐고 싶다
서투른 괭이질로 부름켜 잘리지 않게 캐고 싶다
경수 나오는 날이면 일주일 쉬는 것도 괜찮다
살갗에 혓바닥 닿아도 좋다
새털구름 같은 하얀 속살이 단단한 근육질
물구나무서서 보면
더 아름답게 보일 것 같은 나신
외간 남자 손만 닿아도 근심과 신열 많아진다니
다시 한번 쟁기질하고 지나가야겠다
다치지 않게 조심하면서
그녀를 뿌리째 뽑아내고 싶다
혓바닥에 바늘 몇 개 돋아 있다

장미 지다

오월이 간다
손아랫동서 회갑 날
줄장미처럼 얽힌 처가 식구들 다 모이니
더욱 성성하여 시끌시끌하다
그중 색바랜 장미 한 송이 말이 없다
대신 발바닥에 쓰인 이름 석 자를 자꾸 덮는다
구십 넘은 장모의 버선발
아직도 좁다란 외씨 닮아 참 이쁘다
불콰하게 취한 동서 왈
"십 년 전부터 장모 덕에 7일 휴가 쓰려 했는데
정년 한 달 남아서 이제 말짱 꽝이다"고
밉지 않게 투덜댄다
모두 한바탕 크게 웃는데
"이젠 빨래하고 주인 찾기 좋아"라고
똑똑하던 장모님 허물어지고 있다
반듯하고 선명했던 우리 장모님
장미 지는 유월에
이름 적힌 버선 신고 허공을 밟으러 나가셨나

어여쁜 발자국 대신
붉은 장미 송이송이 대문 앞에 떨어져 있다
태용달 여사가 자꾸 생각난다

보고 또 보고

아직 새댁처럼 쓸만하다
어머니가 병자보다 더 귀하게 다루던 그릇
한약 냄새 풍기며 펄펄 끓던 체온
이제 싸늘하다
아직도 볼은 윤기 나고 손잡이는 튼실하다
창호지 덮개는 어디 가고
꽃 한 송이 피어 있다
얼마나 많은 약을 마셨기에 아직 저리 싱싱한가
압력솥, 전기 약탕기에 밀려
화분이 된 옹기 약탕기
꽃과 함께 숨을 쉬고 꽃을 발효시키는
너의 또 다른 재주를 본다
약보다 더 귀한 정성을 덧칠한
약병아리 한 마리 끓이고 싶다
시작과 끝을 모르고 살아가는 일상에서
새로 태어난 너의 영혼이 참 부럽다
남의 속도 모르면서
보고 또 보고

엄마의 꽃

사립문 앞에 핀 봉숭아도
채마밭 옆에 핀 봉숭아도

남모를 고통 참으며
밤새워 붉게 핀 눈부신 그리움
가득한 엄마의 꽃이다

농사일로 투박한 손
풀 뽑느라 풀물 든 손톱에
봉숭아 꽃물 들이던
천생 여자

새끼들 올망졸망 달고
가지 끝에 활짝 꽃 피우며
엄마도 남들 앞에서는
환히 웃었다

안동댁 권 여사
— 권은경 여사 영전에

간고등어 하면 안동
양반 하면 또 안동
반가에서 태어난 안동댁 권 여사
훤칠한 키에 서글서글한 눈매
마음 씀씀이는 또 얼마나 넉넉한지
남편 소금기 풀어내고
친구들은 소금 살짝 치고
이제 모두 간간하게 숙성되어
잘 먹고 살만하니
여기저기 쑤시고 아프고
피가 고이고 슬픔이 고인다
큰소리로 웃던 즐거운 일 가득 담고
아슬아슬했던 지난날은 다 잊고
꽃피는 시절에 꽃잎처럼 떠나니
이승에서 못다 거둔 알찬 열매
저승에서 푸짐하게 모아두고
화려한 드레스 걸치고
노란 유채꽃 보며

구름 타고 가시네
간고등어 앞장세워 가시네
"사랑했네, 이 사람아"
박 선생이 하는 마지막 한 마디
진심으로 하는 말이니
믿고 가시게

내가 만약 봄이라면

내가 만약 봄이라면
봄비를 아내로 맞이하겠다
미세먼지 샛바람은 아들로
연한 새싹 예쁜 꽃은 딸이면 좋겠다
핑계 대며 아무리 큰소리 쳐봐도
고운 손길 없으면 일이 꼬인다

말썽 많은 미세먼지 샛바람도
봄비 내리고 나면 나근나근해지고
새순 꽃망울도 엄마 얼굴 보고 나면
보란 듯이 환히 웃는다
아내 없는 사내는 가뭄처럼 메마르다

가족이 순하고 웃음소리 나면
가정에도 봄이 오고 가장은 신난다
봄비 같은 여인
봄비에 흠뻑 젖은 여인이면 더 좋겠다

단풍 들면

노랗게 물들면 밝고 환한 마음
붉게 물들면 뜨겁게 타는 육체

떨어지는 잎은 애달프지만
낙엽 밟는 소리는 더 맥이 빠진다

단풍 들면

홀로 사는 이들은
외로워서 문을 닫고 지낸다

황당한 일

아침 잘 먹고
기분 좋아
산책길 나섰는데

날 보고 아양 떠는
키 큰 진달래

무심코 다가가서
꽃잎 따서 먹었는데

어디서 날아온 벌 한 마리
입술에 한 방
사랑 쏘고 가네

가만히 생각해 보니
큰 벌 받은 거네

진달래 생식기를

생각 없이
뚝, 따 먹었으니

한마음

비둘기 두 마리 연인인 듯
머리 맞대고 먹이를 쫀다

까치 두 마리 토라진 듯
시선 달리하며 멀뚱거린다

어린 남매가 개울가에서
물장난하며 논다

등 돌려 앉은 부부가
등 돌려 앉은 줄도 모른 채

비둘기와 까치와
어린 남매를 보고 있다

꽃샘추위

봄이 기지개를 켠다
온몸에 묻은 겨울의 잔재를
털털 털어내고 있다
겨울잠 자던 놈들 놀라 깨어난다

새싹도
꽃의 입술도
새 주둥이도

공중을
뾰쪽뾰쪽 찔러본다

여기저기 흠집이 생겨난다
참다가 흘린 눈물
봄비가 되어 날린다

하찮은 행복

가을걷이 거의 끝나고 나면
자질구레한 잔 손질이 수두룩하다

배추는 제법 알을 품고 있는데
가을 상추는 고개를 바짝 세우고
대추는 쪼그라드는데
모과는 누렇게 익어만 가고

고춧잎 한 자루 부각 한 소쿠리
가지 여남은 개
상추 한 움큼 뜯어 왔다

돈으로 치면 몇 푼 안 되지만
마음은 천석꾼이 부럽지 않다

가지 고추 뽑아낸 자리가 을씨년스럽지만
땅심 솟아날 내년을 생각하면
마음이 환하다

하찮은 것에도 행복 느끼다니
생각만 해도 배가 부르다

정월대보름

보름달 뜨는 날
마음 길도 덩달아 열린다

꽉 막힌 냉가슴 저절로 벌어지고
따뜻하게 물든 마음 한편
미움도 어여쁨도 아낌없이 씻어내어
이리저리 나눠주고 쓰다듬고 보듬고
그래도 남은 액운
쥐불로 태운다

먼 산등성이에 엉덩이 대고 앉은 품이
언제나 품어주던 엄마의 뒷모습이다

그 환한 보금자리
되새김질할수록 새롭다

비오리

잘 익은 붉은색
따스한 노을이 강물에 빠져 있다
어디서 날아왔는지
비오리 한 무리
노을 자락 찢어 덮어쓰고
서쪽으로 날아간다
헐벗고 굶주린 이 눈물 보았는지
날개 소리 요란하다
파문 가라앉은 강물
시침 뚝 떼고 모른 척 흐른다
노을 사라진 곳에
가난한 영혼도 함께 묻힌다
비오리 날갯짓 소리
수면 위를 떠돈다

가을의 수다

풀밭 옆에서 살다 보니
간혹 풀벌레 얘기를 엿듣게 된다
그들 얘기는 참 신나는 얘기다
신문이나 방송보다
아니 연속극보다 더 재미나나 보다
참새도 엿듣고 가고
나비도 벌떼도
가끔 고양이도 살짝 엿듣고 간다
나도 그냥 듣기만 했을 뿐인데
가슴이 뻥 뚫린다

제3부

오래된 여인

경로당 문도 닫고
한겨울 춥게 지내다가
따순 기운 살짝 코끝에 닿는 순간
물컹하고 늘어진 가슴에도
파릇파릇 생기 돈다
양지바른 돌담에 허리 기대면
소소한 행복이 온몸에 스며든다
이웃 할매가 오면
한겨울 다물었던 입도 풀린다
꽃가루 산천에 뿌려놓고
지그시 눈 감고 있는
조금 오래된 여인들
축축 늘어진 개나리꽃이다

짜치가

대구 칠성시장 채소가게 할머니 이야기다. 사고 친 손자가 감방 가게 생겨서 이리저리 수소문해도 합의금 빌릴 데 마땅찮아 한숨만 다락같이 쉬고 있었더란다. 그때 옆집 과일가게 아저씨가 은행에서 대출 한번 받아 보라고 넌지시 귀띔해 주더란다. 평생 은행에 저축만 했지 빚질 일 없어 할머니는 더럭 겁부터 났더란다. 급한 사정에 눈 한번 찔끔 감고 은행엘 갔는데 무엇을 해야 좋을지 몰라 눈치만 보고 있었더란다. 그때 한 은행원이 다가와서 친절하게 "우째 왔어요?" 하고 묻길래 냅다 "돈 꾸러 왔다"고 했더란다. 위아래를 살펴보던 은행원이 "할매 첨인교?" 하길래 "돈 빌리기는 평생 첨이다" 했더니 뭔 서류를 내놓는데 까막눈이 뭘 알아야제. 글 모른다 했더니 난감한 표정으로 머뭇거리다 대필까지 해주면서 빌리는 사유를 묻더란다. 사실대로 말하자니 부끄럽고, 거짓말하기도 그렇고 해서 그냥 "짜치가"라고 했더란다. 은행원이 무슨 뜻인지 몰라 또 물어도 역시 "짜치가 왔다"고 대답했더란다. 그렇게 떨리는 손으로 지장까지 꾹 찍고 나서 기다리는데 온갖 잡생각이 다 들더란다. 은행 지점장이 대출 심사하다가 허허허 웃으며 "이런 할매는 절대로 돈 안 떼어먹는다" 하면서

바로 대출을 해주더란다. 그 후 은행에서 돈 못 빌린 상인들이 할머니가 신기하여 우째 대출했느냐고 묻길래 그냥 '짜치가'라고 썼다고 친절하게 알려주었단다. 그 후로는 상인들이 돈 빌릴 때 '짜치가'라고 했다가 모두 퇴짜 맞았다고 한다.

---

*짜치다: '돈이 궁하여 쪼들리다' 경상도 방언.

진심

"야야. 그래도 너거 아부지 미워하지 마라"
시집살이 하루도 편할 날 없이
날마다 구박과 고생 속에 살아온 운산댁
머리 굵고 어깨 떡 벌어진 잘난 아들
갓 취직해 돈 벌어오는 딸내미 붙잡고
죽은 남편 기일이면
어김없이 원망하며 한참을 흉본 후
술 두어 잔 거푸 마시며
"술이 탈이지 마음이야 오죽할까
너거들 잘되도록 저승에서 힘쓴 기라
이렇게 된 것도 다 아부지 덕이다"
돌아서서 한 손으로 눈물 훔치며
입술 파르르 깨문다

벌침

매화꽃 갓 피는 날
꽃그늘 속으로 날아오르는 벌 한 마리
세상모르고 나는 벌을 잡아채어
작은 통 속으로 넣는 검은 손이 있다
발광하며 악쓰는 벌을 핀셋으로 집어서
꽁무니를 무릎에 갖다 댄다
벌의 침을 받는다
뼛속 깊이 스미는 통증
침 맞은 사내도 덩달아 눈 감는다
캄캄한 봄이 열린다
독 부풀어 오르듯 봄날이 벙근다

등

친하지 않은 사람이 등 돌릴 때는
그저 그렇거니 한다
조금이라도 친한 친구가 등 보이며 돌아설 때는
이유를 알고 싶어진다
그러나
절친이거나 믿음을 가진 자가 등을 보일 때면
유심히 등짝을 살핀다
거기에는
사랑, 믿음, 명예, 돈, 욕심, 의리, 실력, 가정, 직장……
이런 낱말이 빼곡히 쓰여 있는데
가장 크게 보이는 글자를 읽고 나면
널찍한 어깨가 초라하고
하는 행동이 가식이며
하는 말은 변명이고
얼굴은 궁색하다

영원히 지워지지 않을 만큼 깊게 팬 문신
'배신'이란 두 글자가 럭비공 크기로 날아온다

그러면 몸 한번 슬쩍 돌려 피한다
빠른 속력으로 툭 튀어
어딘가에 처박히는
등

빈집 2

우리 모두 대문으로 당당하게 들어왔지
이제는 주인 노릇도 제법 하지
키 큰 놈도 있고 아주 매운 놈도 있고
그래도 자꾸만 기가 죽는 것은
아마도 주인이 우리를 버리고 간 것 같아
낮에는 그래도 체면 때문에 견디지만
밤에는 진짜로 주인이 너무 보고 싶어
오늘도 대문으로 당당히 들어오는
적막이라는 놈과 친해질 수밖에

오판

비 올 것 같아 나들이 나선 지렁이 한 마리
아직 쨍쨍한 태양 아래
땡볕만 뒤집어쓴다
이리저리 굴러봐도 진자리 없어
풀잎 그늘 찾아들자
아뿔싸!
개미 떼가 몰려들어
사냥개 흉내를 낸다
꿈틀댈수록 몸이 더욱 말린다
피부가 까맣다

빨간 빤스

언제인지는 몰라도
붉은색이 악귀를 물리친다는 얘길 들었다
동짓날 팥죽을 벽에 뿌리고
첫 월급날 부모님께 붉은 내복 사 드리고
선거하는 날 후보자 붉은 넥타이 매고
백화점 신장개업 날 붉은 속옷 퍼레이드 벌이는 것도
그 미신 때문인 듯하다

마누라가
아래위로 붉은 속옷을 사 와서는
"당신도 이제 좀 즐겁게 사소" 하며 쓱 내민다
"그런 옷 안 입어도 잘만 산다"며 멀리 쓱 밀어냈지만
혹시나 해서 그 옷 입고 나갔던 날
옛친구도 만나 공짜 점심 얻어먹고
주식도 쑥 올라가고
고스톱도 연전연승이었다

내 얼굴 불그레한 게 빨간 빤스 덕분이라고

빨간 거짓인지 빨간 행운인지
또 헷갈린다
거참 미신을 믿어야 하나
좋은 게 좋다고
그냥 마누라 믿고 살자

노을 한 장

노을 덮어쓴 팔공산
노을 뚫고 우러 나오는 단풍들
길섶 구절초도 고개 내밀어
가을 끝자락을 잡고 있다
불어오는 골바람
휙— 노을 걷으니
눈 앞에 펼쳐지는 신음 소리
빽빽하게 뒤엉킨 숲의 호흡처럼
가을 사내의 가슴을 쥐어짜니
개옻나무 잎사귀에
노을이 묻는다

도둑놈 지팡이

고향 마을 웅국댁 아지매 장독 옮기다 꿈틀했다면서 엉금엉금 기어서 구들목에 누워 저녁도 안 하고 허리 지진다. 어디서 들었는지 웅국양반 산에 가서 허리에 특효라면서 너삼 한 뿌리 캐어 왔다. 아지매는 특효라는 말만 믿고 구부정한 허리로 이 악물고 참아가며 너삼 뿌리 씻어서 방망이로 두들겨 항아리에 넣고 술 붓는다. 이튿날 아침 벌겋게 우러난 너삼주 한 잔 쭉 들이켜고는 술에 취해 실컷 자고, 깨어나면 또 들이켜고 술 취해 자고, 그렇게 사흘 꼬박 자고 났더니 허리가 멀쩡하게 나았단다. 너삼주 한 잔에 취하고 싶은 마음으로 한의사에게 그 이야기를 했더니만 빙그레 웃으며 "너삼은 허리에 아무 효과가 없는데요" 한다. 어쨌든 술 취해 한 사흘 푹 쉰 덕분인지 효능 없는 민간요법도 침보다 나을 때가 있나 보다. 술 취한 도둑놈의 지팡이*에 놀라서 허리 귀신이 줄행랑이라도 쳤나 보다.

---

*뿌리가 괴상하고 흉측하여 붙여진 너삼의 별칭. 고삼이라고도 한다.

앉은 굴뚝이 그리운 날

사람 안 사는 집도 그리울 때 있다
숨은 잘 쉬는지
잘 먹고 잘 싸는지
궁금할 때 있다

몇십 년 만에 찾아간
대문도 담장도 무너진 외갓집
온전히 남은 것은
마당 한 켠 앉은 굴뚝
굴뚝에 앉아서 텅 빈 아궁이 본다

지붕 위로 연기 오르면
못 사는 이웃의 허기 더해 간다고
땅에 자욱이 깔려 서서히 사라져야 그들에게 덜 미안하다고
양반들 지혜인지 속임수인지는 몰라도
남 배려하며 산다는 게 그냥 만만하지 않았을 거다
마당에 퍼진 연기가 담 넘지 않고 사라지듯이

"집도 먹고 싸고 숨 쉬어야 산다. 대문이 코고, 아궁이가 입이다. 구들은 창자고, 굴뚝은 똥구멍이다. 굴뚝 청소 잘해야 배설이 잘 된다. 똥구멍 막히면 죽는 거 알제."

낮은 굴뚝에 앉아서
근엄한 외할아버지 입에서 나온 말씀이셨다

띠살문 창호지

서민 냄새 풍기는 허름한 띠살문
빛바랜 창호지 너머로
달빛이 흐르고
땡감 익어가는 소리에
창살마다 자욱이 먼지 쌓인 문짝

찬바람 드나드는 문틈으로
낡은 문풍지 시늉으로 달려 있고
부러진 문살 실로 칭칭 감은
삐뚤어진 들쇠의 둔탁한 신음
익숙하고도 낯선 풍경이
사각 틀에 갇혀 있다

구멍 난 창호지마다 덧붙인 신문 조각
띠살마다 가득한 살진 그림자
이렇게도 많은 애환 숨어 있었다니
풀 냄새 남은 꾀죄죄한 창호지
꽃살문 그리며 아쉬움 달랜다

동화사 꽃살문

동화사 대웅전 문짝에
꽃이 활짝 피어난다
땅을 떠나서 물을 떠나서
뿌리도 없이 피어나는
자유로운 저 꽃들
국화도 피고 목련도 핀다
겉과 속이 다른 두 얼굴
문에 새겨진 불변의 꽃송이
긴 세월 이고 진 흔적
채색이 벗겨진 나뭇결
바래고 바랠수록
아름다움 더 우러나는
시들지 않는 저 꽃들
지치고 외로운 자
따뜻하게 보듬어 주는
중생의 마음에도 활짝 필
저 꽃들

밥줄

밥줄 하면 먼저 직장이 생각난다
직장 그만두면 밥줄 떨어진 거다

대구 성당동 두류공원 가면
희한한 밥줄이 있다

진짜로 긴 줄
해괴한 줄

돌멩이, 나무토막, 종이컵, 수건, 책……
자질구레한 소품들의 나열

줄 따라 맨 앞에 가보면
덩치 큰 빨간색 컨테이너 밥차가 있다

'사랑의 밥차'
한 끼를 해결하려고 새벽부터 출근한다

소품마다 임자가 있고
멀리서 새치기당할까 기다리는 눈동자가 있다

사연을 움켜쥔 이들의 한 끼
이게 바로 직장이다

세상 참

새가 웃어주니
여우가 무어라 말을 하고
물고기가 천천히 걸어가니
말 못 하는 어린아이도
손가락질하며 눈이 커진다
세상 참
울고 짖고 헤엄치던 시대가
전설이 되어버린 지금
어린아이 손가락이
헨드폰을 만진다
꼼지락꼼지락
세상 열리는 소리가 난다

제4부

어매

풀밭에서 자유로이 풀 뜯는 염소들은 어디 가고
말뚝에 매여서 빙빙 도는 가여운 염소가 넓은 하늘을 품고 있다
염소에게 다가가서 '어이~' 하니 '매에~' 한다
다시 '어이~' 하니 '매에~' 한다
자꾸 듣다 보니 어매가 된다
그래, 배 불룩하고 입을 실룩거리는 걸 보니 새끼 낳을 때가 된 모양이다
어매가 될 모양이다
키울 걱정, 먹일 걱정이 앞서도
어매는 좋아도 어매, 싫어도 어매다
빙글빙글 돌아가며 싫든 좋든 한세상 살아가자
너처럼 말뚝에서 계속 돌아도 아무 일 없듯이 혼자서 매에~만 부르지 말고
나와 같이 어매를 부르며 살자
어매는 너와 나의 따뜻한 숨결이다

그 말이 딱 맞네요

꽃만 있고 잡초 없는 극락 가신다고
마루 밑에 호미 두고 가셨네요

쌀밥에 고깃국 먹는 저승 가신다고
식은밥 된장국 놔두셨네요

엄마!

김매고 물에 밥 말아 먹고 나니
밭도 환하고 배도 불러서 참 좋네요

개똥밭에 굴러도 이승이 저승보다 낫다고
힘들 때마다 하시던 그 말이 딱 맞네요

고향처럼

돋을볕 내린다
소나무 사이로 꼬불꼬불 내린다

고요가 흐르는 산비탈에
산새 대신 고라니 우는 소리 들리고

갈잎 뒤집는 바람 소리
고향 집 가죽나무 어루만지듯

동민 여러분…… 하는 스피커 소리
개 짖는 소리까지
고향을 너무 닮아 설레는 홍산리

호박순처럼 쭉쭉 뻗은 골짜기
말라비틀어진 덩굴손 같은
초라한 농심들 아침이면 환하다

점령군

러시아가 우크라이나를 침공했다
대포와 장갑차를 이끌고
무자비하게 난민을 학살하는 점령군

에이! 죽일 놈들
저럴 수가

오늘도 새벽부터 포도밭으로 향한다
고무장갑에 헬멧 쓰고 전지가위 들고
누구를 죽일 듯이 매의 눈을 하고 간다

아우성으로 몸부림치며 대항하겠지만
모두가 무표정으로 기가 죽어 있다
비무장으로 떠는 이에게 무기를 들이대다니

포도알을 굵게 하려면 자꾸 순을 잘라야 한다
잎인지 줄기인지 모를 도둑 순은 무조건 잘라야 한다
생각이 짧은 건지 돈독이 든 건지

손놀림이 빨라진다

하루에도 수백수천의 순을 자르며
아니 모가지를 싹둑싹둑 자르는 실형을
점령군처럼 눈 하나 깜짝 않는다

포도 순을 자르는 농부의 모습이
왜 러시아 군인처럼 보일까
순 잘린 자리에서 붉은 진물이 흐른다

허튼짓

파종 때 내리면 꽃비
추수 때 내리면 헛비
비라고 다 좋은 게 아니다

오늘도 황소 같은 절뚝이 할배는
육십 다 된 아들에게 큰소리친다

제발 시간 때우려 하지 말고
돈 생각하든지
몸 생각하든지 혀
먼 산만 보고 있으면 밥이 나오나

"요즘 멍때리는 게 힐링이라예"

돈도 되고 건강도 되는 거라고
수천 번 외치며 부아 삭이는
참 안쓰러운
그놈의 생각 차이

가을 상추

내년 봄 내다보고
구월에 가을 상추 심었다
뜻밖에 시월 중순인데
부드러운 상춧잎이 사운 거리다

철없고 부드러운 쌉쌀한 잎맥
흰 즙이 쭉 나올 것 같은 데 없다

가는 줄기가 부서져라 받은 햇살
상춧잎 한 장에 담긴 가을 하늘

밥 한술에 강된장 한 숟가락
꼭꼭 씹는 맛이 호박잎처럼 넓다

얼떨결에 덜렁 잘라 입호강은 했건만
내년 봄까지 잘 견딜지
쫄깃쫄깃한 마음

그림자

수성못 내려다보이는 카페에 앉아서
한 잎 또 한 잎 떨어지는 낙엽을 본다

지난여름
소나기에 묻어오는 수성못 물빛 아련하고
풍성한 가로수 눈매로 설핏한 사랑
그 그늘 길게 뻗어 수성들로 향하고 있었다

마돈나 같은 여인 생각났고
빼앗겼던 들판도 다시 보고 싶어졌다
자욱한 빌딩들 사이로 놀이 햇살 털어내고
길이 있고 논길이 있고 물길이 있었던 들녘은
몇십 년 가을 가고 봄이 와도
상화 시인 거닐던 그림자 지우지 못했다

빛나는 그림자
어둠에도 사라지지 않는 그림자
상처가 아물면 딱지 떨어지지만

아물지 않은 아픔이 가슴 깊이 터 잡은 오늘도
상화 그림자 따라 수많은 낙엽 수성들로 몰린다
쓰린 상처 보듬고 있다가 봄이면 더 길게 돋아라

산자락에 무지개 한 올 한 올 피어나듯
기다란 그림자
수성못이 내려다보이는 카페에서 꼭 보고 싶다

다시 영지에서

무심히 흘러가는 강물보다
고여 있는 못물이 더 좋을 때도 있다

옆에 두고도 보고 싶다는 말보다
멀리서 그리워하는 사랑이 더 좋을 때도 있다

석가탑 그림자가 밤을 새워 달려와도
못물에 미치지 못하는 안타까운 날

산이 높은지 석탑이 낮은지
그림자는 보이지 않고 수초만 일렁이던 수면

사랑이 그림자처럼 길었다 짧았다 하면
그림자 없는 사랑은 영원한 사랑이리라

슬픔보다 아픈 기억에 흔들리는 갈대 사이로
아사달 아사녀의 사랑이 전설처럼 풀린다

선바위

이른 봄
물오른 소나무 껍질마냥
두텁고 올곧은 선바위

발아래 흐르는 맑은 물
늠름한 제 모습 비춰보면서

저 물보다 더 오래도록
석벽보다 더 힘차게
성주들보다 가멸차게 살고 싶어

오늘도 봄밤의 연인처럼
언제나 꿈 많은 내일이 있다

---

*선바위: 경북 성주군 금수면에 있는 무흘구곡 중 하나.

물돌이 마을

나직한 산 등지고
굽은 강 품은 물돌이 마을
모래톱 위로 웃자란 잡초들
주인인 양 당당히 마을 지킨다

가난과 싸워온 세월 물에 띄워 보내도
여기저기 추녀 끝에 매달려 있는
잊기엔 너무나 생생한 심장 소리
얼룩진 삶의 옹이 가슴에 담은 사람들

집 떠났던 이웃들 물길 따라 건너온다
물소리만 들어도 화색이 돌고
모래만 보아도 걱정 사라진다니
강바람 소리에 신명이 절로 난다

언뜻언뜻 들리는 한밤의 물소리
속세의 영욕에 닳고 닳아
외지 소식 물고 오는 전령처럼

반갑고 익숙한 얼굴이다

안개 자욱한 둑 너머로 보이는
위태위태한 저 외나무다리
공포의 전설이 발자국처럼 쌓여
이 마을 평화를 지키고 있다

---

*영주시 문수면 무섬마을.

강물은 부챗살로 흐른다

금호강둑을 거닐다가
강물 흐르는 것을 보다가
물속으로 마냥 걸어 들어간다
웅크린 돌덩이 차가운 공포에 떨고 있다

수초들 발에 밟혀 외마디 신음 소리
놀란 고기떼 덜컥 튀어 오른다
석양에 외로운 물푸레나무 곁에 섰다

적군처럼 밀려오는 물 견디기 힘든데
물에 젖은 상처 아물기도 전에, 또
호우주의보가 내렸다는 소식에
파랗게 돋은 소름이 안쓰럽다

나눌수록 아픔은 얕아지고
나눌수록 사랑은 배가 된다고
물푸레나무 지날 때면
강물은 알아서 부챗살로 흐른다

지게

민속 박물관 한 켠
우두커니 서 있는
어설픈 지게

날마다 몸살 앓는다
등짝 서늘해서 화가 난다
햇살 받고 싶어 안달 난다

못 배워도 힘센 주인 만나
드넓은 산과 들 휘젓고 다니며
죽도록 고생해도 좋다

지난날 고생 덕에 지금 호강한다고
살다 보면
편한 게 병이 된다고

신발 한 켤레

첫새벽부터 묵직한 짐을 지고
해 떨어지고 한참 후에 짐 벗는다
순간순간 편히 잠잘 때도 가끔 있다

모르는 사람도 만나고 익숙한 풍경에 낄낄대지만
우글거리는 벌레와 악취 풍기는 곳에서 몰래 울기도 한다
아무리 크게 울어도
아무도 들어주지 않아서 무척 힘이 든다

손발에 진흙이 묻고 머리에는 구정물이 쏟아져도
주인 비위 맞추는 근로자의 한숨처럼
발자국만 수없이 찍어댄다

여기저기 슬픔의 그림자가 사라지는 한밤에는
깊은 잠을 자지 못하는 대기조처럼
시간이 지날수록 무디어지는 것은
서로가 서로를 바라보는 눈빛의 힘이다

새파란 별빛이 물끄러미 내려다보는 밤
양탄자 밟은 눈부신 조명등이 더 기억에 남기도 한다
서로의 맥박 소리 들으며 오늘도 피곤에 쭉 뻗어 있다

시심

부슬비 내리는 날
모 시인의 묘소를 찾았다

하늘에서 시 하나 뚝 떨어져
상석에 부딪혀 산산조각 날 때
파편 한 조각 내 가슴에 박힌다면
잘 키워서 시 한 편 만들 텐데

기억에 오래 남고
편하게 읽을 수 있어
작가 이름보다 제목이 더 알려지는
그런 시 한 편 만들고 싶어

오늘도 멍하니 구름 잔뜩 낀
하늘만 쳐다보는
시인의 마음

그래도 잘 살았다

막걸리 몇 잔에 알딸딸 취한 다리
갈대처럼 휘청거린다

마주 앉아 한 잔 더! 하는 친구
속사정 들어주다가

실타래처럼 엉킨 구겨진 일들이
문득, 하나둘 생각나는 밤

그래도 잘 살았다고
주름진 민낯 쓰다듬는 손길
자꾸 화끈거린다

아무 데나 퍼질러 앉아
별빛이나 쬐고 싶은 밤이다

꽃잔디

활짝 핀 꽃잔디에
비가 내렸다

살금살금 내리더니
촉촉해진 안마당

분홍은 더 분홍이 되고
초록은 더 초록이 되고

겨우내 주름진 얼굴 피어난다
아내의 웃음도 활짝 피어난다

닿을 듯 닿지 않는 나비도
날개 접고 앉는다

해설

공감(共感), 지향을 넘어 원리로
―공영구 시인의 시적 특징

백인덕(시인)

1.

그것이 전부이기에, 한 생에 거쳐 우리는 쉬지 않고 변하고 때로는 변화를 강제당하기도 한다. 이 변화는 사태에 따라 영향 범주가 다르지만, 결국 몸과 마음, 사유와 정신에까지 그 영향을 미친다. 시간은 인생을 적절하게 '발효'하지만 그 당사자에게 별로 자비롭지 않다. 시간의 보편성(누구나 그렇다)과 비가역성(아무도 되돌리지 못한다)은 소멸을 향한 운명의 위로나 보상이 되지 못한다. 끝내 우리는 혼자인 존재일 뿐이고, 타자와 세계의 변화와 무관하게 주어진 제 길을 갈 뿐이다. 앞의 진술은 '눈앞에 놓은 시간'이라는 망치 때문에 빈틈없는 사실 같지만, 이 사실은 숨기고 있는 절반, 자기가 함축한 의미를 왜곡 없이 반사한다. '혼자인 존재'라는 인식이 성립하지 않는다는 것. 존재는 세계를 선험적으로 인정하지 않거나, 타자를 자기 정체성의 일부로 받아들이지 않으면 그 즉시 '무화(無化)'하기 때문이다.

공영구 시인은 일의적으로 '시인'이라는 존재가 '독자', 독자가 될 무한 가능성의 '잠재적 타자'에 의존한다는 것을 시인하는 겸양을 보여준다. 그는 "용기가 시들어 8년 만에 시집을 엮는다."라고 「시인의 말」에서 고백한다. 이유는 "자신만만하여 신나게 살았는데/이젠 나 자신도 못 믿고 조심조심 살고 있다./말 한마디, 행동거지, 걸음걸이, 돈 씀씀이도 그렇"게 된 생활의 자세를 드러내고, "하물며 시 한 편이야 오죽하랴."라며 자기 성찰을 빼놓지 않는다. 이런 '용기'는 시인이 진실한 독자를 미리 상상하지 않고는 불가능하다. 시인은 비록 꽤 긴 간격이 있었지만, 그래도 자신의 작품이 독자들(혹은 잠재적 독자로서 '자연')과 한 호흡, 숨결을 맞춰볼 수 있으리라 믿어 의심치 않는다.

풀밭에서 자유로이 풀 뜯는 염소들은 어디 가고
말뚝에 매여서 빙빙 도는 가여운 염소가 넓은 하늘을 품고 있다
염소에게 다가가서 '어이~' 하니 '매에~' 한다
다시 '어이~' 하니 '매에~' 한다

자꾸 듣다 보니 어매가 된다

그래, 배 불룩하고 입을 실룩거리는 걸 보니 새끼 낳을 때가 된 모양이다

어매가 될 모양이다

키울 걱정, 먹일 걱정이 앞서도

어매는 좋아도 어매, 싫어도 어매다

빙글빙글 돌아가며 싫든 좋든 한세상 살아가자

너처럼 말뚝에서 계속 돌아도 아무 일 없듯이 혼자서 매에~만 부르지 말고

나와 같이 어매를 부르며 살자

어매는 너와 나의 따뜻한 숨결이다

—「어매」전문

현재 인류에게 공통의 언어는 없지만, 감정을 직접 표출하는 모음 계열의 소리는 거의 같다. 의미를 분절해야 하는 단어의 경우, 가장 원초적 관계라 할 수 있는 '엄마, 아빠'(이것은 우리에게 익숙한 한국어 표기일 뿐, 실제 소리의 유사성은 이 표기보다 훨씬 밀접하다)가 가장 높은 빈도의 유사성을 보인다.

시인은 일종의 실험(현상이든 상상이든)을 한다. "염소에게 다가가서 '어이~' 하니 '매에~' 한다" 한 번이 아니라 여러 차례 거듭해서, 내가 '어이~' 하고 염소가 '매에~' 하는 시간 간격을 극복하고 '어매'라고 듣게 된다. 이 '어매'는 부르고, 대답하

는 단순한 시간 차이 이상인 '호명과 응답'이라는 주객 상태마저 뛰어넘어 '어매'라는 한 형질에 닿는다. 이는 부르는 행위보다 이후일지라도 더 원초적인 결과가 있다. 염소는 어매가 될 모양이기 때문이다. 시인은 "어매는 좋아도 어매, 싫어도 어매다"라는 자기 성찰의 내용을 이제 곧 어매가 될 염소에게 투영한다. "어매는 너와 나의 따뜻한 숨결"임을 알기 때문이다. 너는 곧 '어매'가 되고, 나는 늘 '어매'를 그리워하는 상황, 이 같고도 다름이 들숨 날숨처럼 생명의 역사이고 '숨결'이기 때문이다.

> 내가 만약 봄이라면
> 봄비를 아내로 맞이하겠다
> 미세먼지 샛바람은 아들로
> 연한 새싹 예쁜 꽃은 딸이면 좋겠다
> 핑계 대며 아무리 큰소리 쳐봐도
> 고운 손길 없으면 일이 꼬인다
>
> 말썽 많은 미세먼지 샛바람도
> 봄비 내리고 나면 나근나근해지고
> 새순 꽃망울도 엄마 얼굴 보고 나면
> 보란 듯이 환히 웃는다
> 아내 없는 사내는 가뭄처럼 메마르다

가족이 순하고 웃음소리 나면

가정에도 봄이 오고 가장은 신난다

봄비 같은 여인

봄비에 흠뻑 젖은 여인이면 더 좋겠다

—「내가 만약 봄이라면」 전문

슬쩍, '만약 봄이라면' 하고 시기를 말하는 듯싶지만, 내용은 '가족'이다. 화합하는 가족에 대한 바람(희망)을 계절 '봄'에 덧대 얹힌 이야기다. 하지만 표제작으로 손색없는 의미를 이중으로 함축하고 있다. 3연의 내용을 비유에서 인간사로 다시 바꿔보면, 시인이 생각하는 '엄마'(앞 작품의 '어매')라는 중심이 명확하게 드러난다. 여기서 그치는 게 아니라, '여자', '엄마', '아내'라는 세 가지 형질을 거기에 다시 투영하고 있음도 알 수 있다. 그 구체적 양상이 이번 시집의 근간(根幹)이라 해도 지나치지는 않을 것이다.

2.

공감(sympathy)은 시인이 갖춰야 하는 자질이 아니라, 그의 시가 지향하는 목표로 시작(詩作)에 매우 중요한 의미를 내포한다. 고백적인 서정시인이 될 것인가, 세계를 끌어안은 서정

시인이 될 것인가. 시인으로서의 지향점을 어디에 두느냐에 따라 공감의 의미를 이해하는 방식이 달라질 수 있다. 공감을 어차피 나와 별개인 타자의 상황에 따라 일어나는 감정이라고 하면, 그것은 '연민, 혹은 동정'과 가까운 감정 투여가 되고 만다. 이와 달리, 어떤 사태의 비극성에 깊이 호흡하면서도 그 결과에 대해 현상과 다른 결과를 기대하는 힘으로 그 사태와 함께할 수도 있다. 'empathy와 compassion'의 차이다. 공영구 시인은 일종의 '열정(-passion)'을 '함께(com-)'하기 위해 우선 자연 상황 앞에 서 있는 그대로를 드러내는 방법을 선택한다.

> 지난해 심은 포도나무
> 굽은 가지에 손가락을 얹는다
> 살짝 머리로 쓸어 올리면
> 쌀알만큼 돋아나는 새순을 만난다
> 속잎 잘근잘근 움직이는 듯 바르르 떤다
> 흔히 내리는 곡우 비에도 젖지 않고
> 난생처음 세상에 머리 내밀고
> 한 눈으로 빤히 쳐다본다
> 두근거리는 너의 심장만큼
> 신명 나는 나의 꿈
> 푸르고 달콤한 송이송이

주렁주렁 열리는 너의 꿈

간절한 눈빛으로 마주 본다

꿈꾸듯이

―「포도 새순」 전문

  이번 시집에서 포도는 농사에 종사하는 시인의 일대기를 보여준다는 점에서 매우 중요한 소재다. 그 농사의 과정과 순환을 시인은 이렇게 묘사한다. "두근거리는 너의 심장만큼/ 신명 나는 나의 꿈"이라고. 그리곤 "참 맛있겠다"(「포도 봉지 싸기」)고 혼잣말로 염원하는 단계를 거쳐, 봉지 속의 포도는 알아서 익으리라 믿는 사이 한 해라는 구분은 지나간다. 보살피고, 큰 소득을 바라지 않는 겸손한 마음으로 봉지에 싸 주었지만, 어쩌면 생존은 자기의 몫인지도 모른다. 하지만, 시인의 세계가 전쟁으로 병들어 버렸을 때, "포도알을 굵게 하려면 자꾸 순을 잘라야 한다/잎인지 줄기인지 모를 도둑 순은 무조건 잘라야 한다/생각이 짧은 건지 돈독이 든 건지/손놀림이 빨라"(「점령군」)지는 자신을 본다. 그냥 솜씨 좋은 농사꾼이 되려는 것뿐인데, 먼 우크라이나 점령지의 군인들이 겹쳐 온다. 내가 사용하는 전지가위가 생명을 위협하는 총기처럼 느껴진다. 시인은 "순 잘린 자리에서 붉은 진물이 흐"르는 걸 보는 순간 자기를 다시 돌아보며 그 언어를 성찰하는 계기로 삼는다.

가을걷이 거의 끝나고 나면
자질구레한 잔 손질이 수두룩하다

배추는 제법 알을 품고 있는데
가을 상추는 고개를 바짝 세우고
대추는 쪼그라드는데
모과는 누렇게 익어만 가고

고춧잎 한 자루 부각 한 소쿠리
가지 여남은 개
상추 한 움큼 뜯어 왔다

돈으로 치면 몇 푼 안 되지만
마음은 천석꾼이 부럽지 않다

가지 고추 뽑아낸 자리가 을씨년스럽지만
땅심 솟아날 내년을 생각하면
마음이 환하다

하찮은 것에도 행복 느끼다니
생각만 해도 배가 부르다

—「하찮은 행복」전문

시인은 자신의 시행착오를 있는 그대로 드러낸다. 가령 무논에서 "내 배 부르면 남 배도 부른 줄 알고/비 오면 좋아하고 물 많다고 안심했는데/물 차는 고래 논이라 물 많아서 죽었"(「헛똑똑이」)다는 것을 알게 되기도 하고, "농사는 풀과의 전쟁"임을 모르지 않지만, "그래도 지구의 역사만큼 너희들 역사도 기록될 것이다/아니 인간의 역사보다 너희 역사가 더 화려할 것"(「잡초」) 같은 어떤 예감 때문에 힘들어하기도 한다. 시인은 비록 '하찮은'이라고 형용했지만, '위대한'이라고 읽어도 무방한 시 정신이 아닐 수 없다. "가지 고추 뽑아낸 자리가 을씨년스럽지만/땅심 솟아날 내년을 생각하면/마음이 환하다"고 크게 기뻐하고 있으니, 시인의 농업은 '생계'를 뛰어넘어 '생존', 인간다운 삶에 닿고자 하는 열망의 표현일지도 모른다. '돈/마음'의 대비를 뒤에 감춘 이면의 가치를 부정하면서 그냥 전면에 드러내는 것은 '용기 있는 시인'이기에 가능한 행위일 수밖에 없다.

    어릴 때
    울면 지는 거라고 배웠다
    악착같이 눈물 참으며 살아서
    눈물 맛을 몰랐다

    커서는

이거도 기쁨의 눈물 모르고

마냥 즐겁게 웃고 살아서

눈물 맛을 몰랐다

이제는 이기고 지고를 떠나

시도 때도 장소도 없이

주루룩 주루룩 눈물 흘리고 산다

어떤 때는

민망스러워 몰래 돌아서서

눈물 훔치고 삼키면서 산다

—「눈물의 맛」 전문

그렇다. 반어(irony)로 읽어야 한다. 이 '눈물의 맛'은 엄마가 "개똥밭에 굴러도 이승이 저승보다 낫다고/힘들 때마다 하시던 그 말"(「그 말이 딱 맞네요」)처럼 수 없는 경험을 통과해야만 찾아오는 감각이다. 그런데 "당신도 이제 좀 즐겁게 사소"(「빨간 빤스」) 하며 빨간 빤스를 내미는 아내의 주문 탓인지, 매화꽃 열리는 날 스스로 '벌침'을 맞아 "캄캄한 봄이 열린다/독 부풀어 오르듯 봄날이 벙"(「벌침」)글기 때문인지 몰라도 시인은 자주 때를 놓친다. 이 또한 자신을 쉴 새 없이 경계하는 공영구 시인의 시 정신으로 읽어도 좋겠다.

무논을 고래 논으로 알았다면, 착각이거나 미숙함을 원인으로 그 결과를 받아들일 수밖에 없다. 자연이란 대체로 이와 같아서 '신비와 괴기'로 포장해도 생각의 생각을 거듭하면 이해의 실마리가 풀리기도 한다. 하지만 사람의 일은, "배신'이란 두 글자가 럭비공 크기로 날아온다"(「등」)고 느낄 때는 최대한 방어적인 자세로 그 방향을 감시하되 허용해서는 안 된다. 우리는 두 눈처럼 '자연과 사람'이라는 두 방향을 가졌을 뿐이기에 한쪽 눈을 감아버리기에는 너무 잃는 것이 많다. 해서 사람의 일은 "진달래 생식기를/생각 없이/뚝, 따 먹었"(「황당한 일」)더니 벌이 와 '사랑' 한 방을 놓았던 '황당한 일'만 있는 게 아니라, "호박순처럼 쭉쭉 뻗은 골짜기/말라비틀어진 덩굴손 같은/초라한 농심들 아침이면 환하"(「고향처럼」)게 웃는 것을 볼 수도 있는 것이다. 이 모든 일 또한 사람이기에 경험할 수 있는 사태라고 할 수 있다.

3.

공영구 시인은 '함께'하고자 한다. 이 '함께'는 시공간의 동시성을 전제하면서, 우리가 정신을 긍정하면 몸을 초월할 수 있는 존재라는 측면에서 '열린'이란 의미를 적극적으로 개진한다. 다시 말해, 어떤 대상(그것이 사물이냐 사건이냐 하는 것은 문제가 되지 않는다)과 함께하고자 한다면, 그 마음은 공감을 지향하면서 동시에 더 열린 그 무엇을 보려는 노력이라 이해할 수 있다. 그 노력은 몸의 직접성과 정신의 이차적 특질 '사이'의 그 무엇이 있다. 어머니는 꽃만 있는 천국에 가기에, 평생 잡초를 속구던 호미는 그냥 두고 가셨다고 이해하는 것이다. 이때 이 '호미'는 어머니나 나, 혹은 그 누구라는 소유 관계를 넘어, 사전적 의미 이상으로 확장된다. 이번 시집에서 시인은 이런 사태를 여실히 보여준다.

> 아직 새댁처럼 쓸만하다
> 어머니가 병자보다 더 귀하게 다루던 그릇
> 한약 냄새 풍기며 펄펄 끓던 체온
> 이제 싸늘하다
> 아직도 볼은 윤기 나고 손잡이는 튼실하다
> 창호지 덮개는 어디 가고
> 꽃 한 송이 피어 있다
> 얼마나 많은 약을 마셨기에 아직 저리 성성한가
> 압력솥, 전기 약탕기에 밀려
> 화분이 된 옹기 약탕기
> 꽃과 함께 숨을 쉬고 꽃을 발효시키는
> 너의 또 다른 재주를 본다
> 약보다 더 귀한 정성을 덧칠한
> 약병아리 한 마리 끓이고 싶다

시작과 끝을 모르고 살아가는 일상에서

새로 태어난 너의 영혼이 참 부럽다

남의 속도 모르면서

보고 또 보고

　　　　　　　　　　—「보고 또 보고」 전문

　시인이 애처롭게 바라보았던 대상을 떠올려 본다. 빈집, 지게, 신발, 지팡이로 비유된 고삼 한 뿌리, 그리고 시인의 마음 길이 닿았던 장소도 있다. 아 거기, "마돈나 같은 여인 생각났고/빼앗겼던 들판도 다시 보고 싶어졌다"(「그림자」)라는 진술에 공감하지만 또한 시인의 현재를 더 깊은 의미로 보고 싶어진다. 그 대상으로 "어머니가 병자보다 더 귀하게 다루던 그릇"이 있다. '약탕기'라는 이름 대신 '보고 또 보고'라는 부사 수식어 제목이다. 이 그릇이 약을 끓이다 이제 '화분'이 되어 "꽃과 함께 숨을 쉬고 꽃을 발효시키"고 있으니 이 대상은 약탕기인가, 화분인가. 이름과 쓸모란 이런 것이다. 시인의 '호명'은 이 이름, 즉 존재를 감싼 효용만을 지향하는 도구적 표상을 깨거나 그 이전 상태를 깨우치는 것이다. 민속박물관의 전시용으로 제작된 지게만이 아니라 잡초 몇 뿌리와 전쟁하기 위해 날을 세우는 호미 등속을 상상하면 시인의 바람은 규모로 대단함을 형용할 수 없지만, 절실함으로 가깝고 귀한 것임을 알 수 있다. 시인이 고향처럼 느끼는 '홍산리'에서의 일상이 자못 궁금하다.

>부슬비 내리는 날
>모 시인의 묘소를 찾았다
>
>하늘에서 시 하나 뚝 떨어져
>상석에 부딪혀 산산조각 날 때
>파편 한 조각 내 가슴에 박힌다면
>잘 키워서 시 한 편 만들 텐데
>
>기억에 오래 남고
>편하게 읽을 수 있어
>작가 이름보다 제목이 더 알려지는
>그런 시 한 편 만들고 싶어
>
>오늘도 멍하니 구름 잔뜩 낀
>하늘만 쳐다보는
>시인의 마음
>
>―「시심」전문

물론 '시심'은 시의 마음뿐만 아니라 시작(詩作)의 태도이리라 짐작하다가, '시를 심는' 시인의 행동을 그냥 표현한 것이 아닐까 생각해 본다. 인용 시에서 "하늘에서 시 하나 뚝 떨어져"라는 진술은 '영감', 그 계기를, 목표인 "기억에 오래 남고/편하게 읽을 수 있어/작가 이름보다 제목이 더 알려지는/그런 시 한 편 만들고 싶어"라는 시작(詩作)의 즐거움을 노래하는 것 같다는 생각에 닿는 것이다. "모 시인의 묘소"를 방문한 것처럼 시공간이 딱 어우러지는 순간이 앞으로 자주 공영구 시인을 이끌 터인데, 그 '이끌림'을 어찌 다 견디실는지 자못 궁금하다. 하지만 포도나무의 해산(解産)을 돕던 그 순간이, 그 손길이 공영구 시인을 앞으로 더 자주 영감과 공감의 세계로 이끌 것을 믿는다. 지금도 충분한데, 더 충분하고 좋은 시인을 우리는 만날 수 있을 것이다. 일테면 아래와 같이 '보고 싶은 꽃'을 심는 시인을 우리는 계속 만나볼 수 있을 것이다.

> 개나리꽃 늘어지게 피어 있다
> 철철 넘치도록 피어서 흘러내린다
> 그렇다고 봄이 한창인 것도 아닌데
> 너도나도 봄기운에 들떠 있다
> 봄이면 흔한 것이 개나리
> 눈만 돌리면 어디서나 노란 꽃
> 가지 꺾어 아무 데나 푹 꽂아 놓으면
> 곧바로 살아나서 꽃 피우는
> 서민 닮은 꽃

삶이란 개나리를 닮은 거야

삶이란 언제나 노랗게 변할 때가 있는 거야

개나리 모르는 사람 어디 있을까

서로 엉키고 한데 모여 살 비비는

따뜻한 이웃사촌 같고

정이 철철 넘치는 기분 좋은 꽃

보아도 보아도

자꾸 보고 싶은 꽃이다

—「보고 싶은 꽃」 전문

문학의전당 시인선 395

내가 만약 봄이라면

ⓒ 공영구

초판 1쇄 인쇄	2025년 9월 17일
초판 1쇄 발행	2025년 9월 26일
지은이	공영구
펴낸이	고영
디자인	헤이존
펴낸곳	문학의전당
출판등록	제448-251002012000043호
주소	충북 단양군 적성면 도곡파랑로 178
전화	043-421-1977
전자우편	sbpoem@naver.com

ISBN 979-11-5896-712-3 03810

*이 책의 판권은 지은이와 문학의전당에 있습니다.
*양측의 서면 동의 없는 무단 전재 및 복제를 금합니다.
*잘못 만들어진 책은 바꿔드립니다.